DAS GROSSE BUCH der MYTHOLOGIE

Illustrationen von
Laura Brenlla

WSKids
WHITE STAR KIDS

INHALT

WILLKOMMEN, MEIN JUNGER FREUND!

Du fragst dich sicher, wer ich bin. Beim ersten Hinsehen wirst du bemerkt haben, dass ein Teil meines Körpers einem Pferd ähnlich sieht, aber eigentlich bin ich ein Zentaur.
Mein Name ist Cheiron und ich bin Lehrer. Das Erste, was ich dir vermitteln möchte, ist, dass du nie und nimmer glauben solltest, Kreaturen wie ich seien nur blöde Nervensägen. Das wäre eine echte Beleidigung für einen Zentaur!

Nach dieser kleinen Einleitung wirst du zu Recht vermuten, dass der Umgang mit Sagenwesen wie mir nicht ganz einfach ist! Es gibt nämlich so unendlich viele verschiedene und unberechenbare Gottheiten, wundersame Tiere und gewaltige Monster. Um ihnen zu begegnen, brauchst du keine furchterregenden Waffen wie Thors Hammer oder den Schild, mit dem Perseus sich gegen Medusa verteidigt hat: Was du brauchst, ist Wissen!

Ich werde dich auf dieser unglaublichen Abenteuerreise um die ganze Welt führen und dir von den Stärken und Schwächen der Götter sowie den raffinierten Methoden unserer Helden bei ihren Abenteuern erzählen. Außerdem werde ich dir beibringen, wie du dich fantastischen Kreaturen problemlos nähern, dich mit ihnen anfreunden und dir ihre Tricks aneignen kannst, um schrecklichen Monstern zu entkommen.

BIST DU BEREIT?
DANN BLÄTTERE
UM, UND
LOS GEHT'S!

DIE ALTEN GRIECHEN

Unsere Reise beginnt in meiner Heimat Griechenland, wo sich der Olymp, der Sitz der Götter, hoch über dem Land und seinen Menschen erhebt. Wir werden gemeinsam hinaufsteigen, um Zeus und seine Familie zu besuchen, von dort weiterreisen und abenteuerliche Orte aufsuchen, wo wundersame Wesen mit magischen Kräften wie Pegasus zu Hause sind. Mit ein wenig Glück und meiner Unterstützung werden sie an deiner Seite kämpfen, falls du unterwegs auf furchterregende Monster triffst. Aber hab keine Angst! Ich kenne ein paar Helden, die dir verraten werden, wie du unbesiegbar werden kannst!

DIE GÖTTER

ZEUS

Er ist der absolute Herrscher auf dem Olymp, der König aller Götter und Göttinnen des Himmels.

Sei sehr vorsichtig in seiner Gegenwart. Wenn er schlechte Laune hat, zögert er nicht lange und seine furchtbarste Waffe, der Blitzschlag, kommt zum Einsatz. Er hatte eine schwierige Kindheit: Als Säugling musste seine Mutter ihn vor seinem Vater Kronos verstecken. Dieser hatte die schlechte Angewohnheit, seine eigenen Kinder zu verspeisen.

HEILIGE TIERE

Adler und Stier.

BESONDERE MERKMALE

Er kann sich in alles Mögliche verwandeln.

HERA

Diese mächtige Königin des Olymp ist trotz der vielen Affären ihres Gatten Zeus ironischerweise die Schutzgöttin der Ehe. Hera ist sehr eifersüchtig und wegen ihrer Rachsucht gefürchtet!

HEILIGE TIERE

Pfau und Krähe.

BESONDERE MERKMALE

Sie kann Herkules, den Lieblingssohn ihres Gatten Zeus, nicht ausstehen.

APOLLO

Der hübsche Apollo liebt Musik und die Dichtkunst. Doch seine vordringlichste und schwerste Aufgabe hat mit dieser Leidenschaft leider nichts zu tun. Der arme Kerl muss mitten in der Nacht aufstehen, um den den Sonnenwagen über den Himmel zu fahren, damit ein neuer Tag beginnen kann.

HEILIGE TIERE

Schwan und Wolf.

BESONDERE MERKMALE

Er hat eine Zwillingsschwester, der er jeden Tag bei Sonnenauf- und -untergang auf seinem Weg begegnet. Ahnst du schon, wer sie ist? Na klar, es ist Artemis, die Mondgöttin!

POSEIDON

Der Gott des Meeres und Bruder von Zeus lebt in den Tiefen der blauen Ozeane. Man fürchtet ihn, weil er verheerende Erdbeben und Tsunamis auslösen kann. Er ist unberechenbar und sehr sprunghaft. Manchmal ist er sanft und ruhig, aber plötzlich wird er so ungestüm wie das Meer, dessen Herrscher er ist.

HEILIGE TIERE
Delfin und Pferd.

BESONDERE MERKMALE
Man sieht ihn nie ohne seinen Dreizack.

APHRODITE

Sie ist die Tochter von Zeus und die Mutter von Aeneas, dem Helden von Troja. Sie wird als Göttin der Schönheit und Liebe verehrt. Sie ist sehr eitel, deshalb solltest du ihre Schönheit auf gar keinen Fall infrage stellen!

HEILIGE TIERE

Schwan und Taube.

BESONDERE MERKMALE

Sie soll in der Meeresgischt geboren sein und gilt daher als Schutzgöttin der Seeleute.

ATHENE

Die Schutzgöttin der nach ihr benannten Stadt Athen ist die Göttin der Weisheit. Sie hat die Menschen das Spinnen und Weben gelehrt und man sagt ihr nach, sie hätte den Pflug und das Feuer erfunden.

HEILIGE TIERE

Eule und Hahn.

BESONDERE MERKMALE

Sie blickt immer ernst und feierlich drein und ist mit Helm, Speer und dem unzerstörbaren Schild „Aigis" bewaffnet.

DIE BÜCHSE DER PANDORA

WIE DU VIELLEICHT SCHON AHNST, HABEN DIE GRIECHISCHEN GÖTTER MENSCHLICHE CHARAKTEREIGENSCHAFTEN ... SO KÖNNEN SIE BEISPIELSWEISE ZIEMLICH RACHSÜCHTIG SEIN.

UND ZEUS IST DA KEINE AUSNAHME!

HÖRE DIR DIE GESCHICHTE DER PANDORA AN UND URTEILE SELBST.

Vor sehr langer Zeit stahl der Titan Prometheus den Göttern das Feuer und schenkte es den Menschen. Zeus war darüber sehr wütend und dachte sich einen teuflischen Plan aus, um sich an den Menschen zu rächen.

Er schickte eine wunderschöne Frau namens Pandora mit einem von ihm selbst angefertigten Geschenk auf die Erde: Es war eine Büchse, die aber, so befahl es Zeus der Überbringerin, niemals geöffnet werden dürfe.

Leider war Pandora sehr neugierig und öffnete die Büchse dennoch. Sie enthielt alle den Menschen bisher unbekannten Übel wie Angst, Krankheit und Leid. So kamen diese Schrecken in die Welt. Um ihren Fehler ein wenig abzumildern, ließ Pandora auch die Hoffnung, die in der Buchse ganz unten gelegen hatte, entweichen.

DIE HELDEN

JASON

Nun ist es an der Zeit, dir etwas über ein paar Typen zu erzählen, die von den alten Griechen als Helden verehrt wurden. Beginnen wir mit Jason, dem berühmten Anführer der Argonauten, einer Gruppe kühner und tapferer Helden, die auszogen, um das Goldene Vlies zu rauben. Es wurde in einem heiligen Wald von einem Drachen bewacht. Du kannst dir sicher vorstellen, dass eine solche Mission keine leichte Aufgabe war. Sie mussten sich unter anderem mit schrecklichen Monstern wie den Harpyen, auf die wir später noch kommen, auseinandersetzen.

EIGENSCHAFTEN

Ich, Cheiron, war es, der Jason aufgezogen und unterrichtet hat. Glaube mir, er war ein hervorragender Schüler!

BESONDERE MERKMALE

Da das Schiff dieser Männer „Argo" hieß, wurden die Kämpfer „Argonauten" genannt.

THESEUS

Theseus ist einer der beliebtesten Helden der Athener. Sein Vater Aigeus, Herrscher von Attika, versteckte sein Schwert und seine Sandalen unter einem Stein. Sobald sein Sohn stark genug sein würde, den Stein zur Seite zu räumen, würde dieser erkennen, wer sein Vater war und welches Schicksal ihn erwartete.

EIGENSCHAFTEN

Theseus war mutig und stark. Also forderte er den Minotaurus heraus. Davon werde ich dir später noch erzählen.

BESONDERE MERKMALE

Sein Name bedeutet „der Bereite" und er ist tatsächlich sehr hilfsbereit!

PERSEUS

Er ist der Sohn von Zeus und Danaë. Er hatte es von Anfang an nicht leicht, denn seinem Großvater war prophezeit worden, dass sein gerade geborener Enkel ihm zum Verhängnis werden würde. Doch unter dem Schutz seines göttlichen Vaters wuchs Perseus zu einem starken und intelligenten Jüngling heran. Dies half ihm bei so manch gefährlichem Abenteuer, wie etwa seinem berühmtesten: dem Kampf gegen Medusa.

EIGENSCHAFTEN

Geflügelte Sandalen, ein magischer Rucksack, der Helm der Dunkelheit und ein spiegelähnlicher Schild gehören zu seiner Ausrüstung.

BESONDERE MERKMALE

Als Belohnung für seinen Sieg über Medusa erhielt er ein geflügeltes Pferd, Pegasus. Beide wurden unzertrennliche Gefährten.

ACHILLES

Hast du schon einmal von der „Achillesferse" gehört? Dieser Begriff steht heute für eine „verwundbare Stelle" oder „Schwachstelle". Was glaubst du, ist der Grund dafür? Als Achilles geboren wurde, tauchte ihn seine Mutter Thetis in den Fluss Styx, um ihn unverwundbar zu machen. Sie hielt ihn dabei an der Ferse fest, die dadurch verwundbar blieb. Behalte dieses Geheimnis aber lieber für dich! Denn falls ein Feind davon erfährt, gerät Achilles in echte Schwierigkeiten.

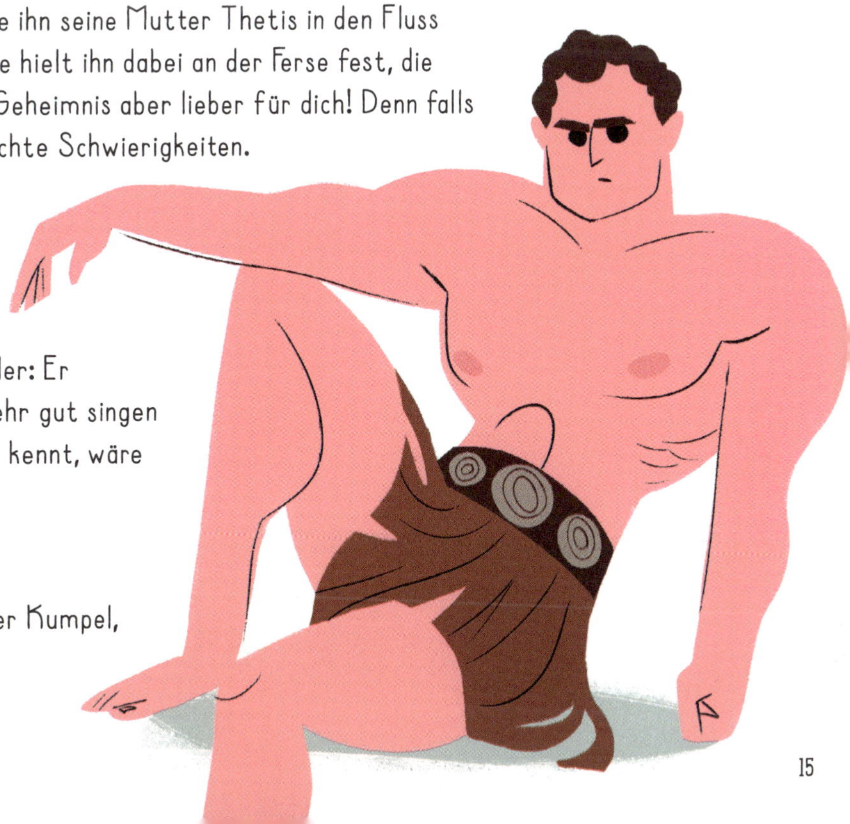

EIGENSCHAFTEN

Ich kenne Achilles schon, seit er noch ein Baby war. Er ist ein ausgezeichneter Jäger, Reiter und ein sehr begabter Künstler: Er beherrscht das Spiel auf der Lyra, kann sehr gut singen und malen. Wer ihn nur als edlen Kämpfer kennt, wäre erstaunt über seine Sanftmut.

BESONDERE MERKMALE

Sein bester Freund ist Patroklos, ein treuer Kumpel, der mit ihm in jeden Kampf zieht.

DIE ZWÖLF AUFGABEN DES HERKULES

DU GLAUBST, DEINE SCHULAUFGABEN SEIEN ANSTRENGEND?

DANN SOLLTEST DU DIR DEN BERÜHMTESTEN GRIECHISCHEN HELDEN HERKULES MAL NÄHER ANSEHEN! SEINE GROSSTATEN GINGEN ALS „DIE ZWÖLF AUFGABEN" IN DIE GESCHICHTE EIN UND WAREN WIRKLICH ANSTRENGEND.

Um Zugang zum Olymp zu erhalten, musste Herkules – Sohn von Zeus und einer Halbgöttin – gegen Stiere, Löwen, Keiler und andere Sagenwesen kämpfen. Auch meine Freunde, die Zentauren und Amazonen, furchteinflößende, wagemutige Kämpferinnen, zählten zu seinen Gegnern.

Eine der schwersten Aufgaben bestand darin, die Stymphaliden, dämonische Vogelungeheuer, zu besiegen. Diese gefiederten Monster besaßen Klauen aus Bronze und ein unglaublich feines Gehör – eine Eigenschaft, die Herkules ausnutzte: Er scheuchte sie in ihrem schwer zugänglichen Lebensraum mit zwei Metallklappern auf. Nachdem sie sich in die Luft erhoben hatten, war es für Herkules ein Leichtes, sie mit Pfeil und Bogen vom Himmel zu holen.

Wenn du dich das nächste Mal wieder müde fühlst, denke an die Schwierigkeiten, die unser Held zu meistern hatte. Dann wird dir alles viel leichter fallen. Doch nun setzen wir unsere Reise fort.

FANTASTISCHE KREATUREN

PEGASUS

Er ist das wohl berühmteste und prachtvollste geflügelte Pferd. Der Sohn des Meeresgottes Poseidon pflegt eine besondere Beziehung zum Wasser: Er kann mit einem einzigen Huftritt neue Wasserquellen erschließen. Sein hervorstechendstes Attribut jedoch sind seine großen Flügel, die er zusammen-gefaltet auf dem Rücken trägt, wenn er nicht fliegt.

BESONDERE MERKMALE

Er ist kontaktscheu und hört nur auf Zeus, für den er Donnerkeile und Blitze trägt. Er weiß als Erster, wann sich ein Sturm zusammenbraut ...

PHOENIX

Wer einmal die Gelegenheit hatte, ihn zu sehen, beschreibt ihn als großen, adlerähnlichen Vogel mit leuchtend rotem Gefieder. Sein melodischer Gesang begleitet die Dämmerung und ist so betörend, dass sogar Apollo seine Lyra zur Seite legt, um ihm zu lauschen.

BESONDERE MERKMALE

Der oft als „Feuervogel" bezeichnete Phoenix war schon den alten Ägyptern bekannt. Er verdankt seinen Namen nicht nur seinem leuchtenden Gefieder, sondern auch dem Glauben, er könne aus seiner Asche wiederauferstehen. Mach ihn dir zum Freund!

SIRENEN

Diese Sagenwesen besitzen einen Fisch- oder Vogelkörper, den Kopf einer Frau und sollen allwissend sein. Durch ihren betörenden Gesang brachten sie Odysseus auf seinem Heimweg in große Schwierigkeiten. Der aber war so klug, sich an den Mast seines Schiffes zu fesseln. So konnte er sich an ihrem Gesang erfreuen, ohne von ihnen angelockt zu werden. Eine ziemlich ungewöhnliche Lösung, aber vielleicht sollte man sie im Auge behalten.

BESONDERE MERKMALE

Ihr Gesang kann den Wind zähmen, du musst sie nur überreden, auf deiner Seite zu kämpfen. Allerdings sind sie nicht sehr hilfsbereit.

ZENTAUREN

Meine Leute kann man leicht erkennen: Wir sind Mischwesen aus Mensch und Pferd und ausgezeichnete Bogenschützen. Allerdings kann ich wohl nicht behaupten, dass wir wegen unseres guten Charakters bekannt sind.

BESONDERE MERKMALE

Zentauren hassen Menschen, vielleicht weil sie deren schlechte Eigenschaften geerbt und in gewisser Weise noch perfektioniert haben.

MONSTER

MEDUSA

Wusstest du, dass Medusa nicht immer das Monster mit dieser Schlangenfrisur war? Die wunderschöne Medusa beging den verhängnisvollen Fehler, mit Athenes Schönheit zu konkurrieren. Die war so beleidigt und erzürnt, dass sie Medusa in eines der schrecklichsten Monster Griechenlands verwandelte.

SEI VORSICHTIG, DENN ...

... ihr Blick lässt jeden, der sie ansieht, zu Stein erstarren. Falls du ihr also begegnest, trete ihr mit gesenktem Blick entgegen.

HARPYEN

Sie sind nicht gerade hübsch. Es sind Mischwesen in Vogelgestalt mit dem Kopf einer Frau. Sie besitzen große Flügel und starke Krallen. Ihr Name und ihre Schreie erinnern an das Wüten einer Sturmflut.

SEI VORSICHTIG, DENN ...

... ihre langen Krallen sind messerscharfe, tödliche Waffen. Du solltest unbedingt vermeiden, die Harpyen zu verärgern!

CHIMÄREN

Sie haben den Körper eines Löwen und den Schwanz einer Schlange. Aus ihrem Rücken ragt der Kopf eines Ziegenbocks heraus: Nun ja, mehr Monster geht nicht!

SEI VORSICHTIG, DENN …

… abgesehen von ihrem furchterregenden Aussehen können sie Feuer spucken. Bedenke auch: Das Gift ihres Schwanzes ist tödlich. Komme ihnen also nicht zu nahe!

ZYKLOPEN

Diese Riesen haben nur ein Auge, sind von Beruf Schäfer und leben abgeschieden in Höhlen. Aber gelegentlich läuft man ihnen, wie Odysseus und seine Gefährten, leider über den Weg.
Sie wurden daraufhin alle von dem nicht besonders klugen Koloss Polyphem gefangengenommen.

SEI VORSICHTIG, DENN …

… Zyklopen sind ziemlich fressgierig und unberechenbar. Lauf besser schnell weg!

DER MINOTAURUS

VIELE TAPFERE HELDEN HABEN SICH SCHON MIT DEN SCHRECKLICHSTEN MONSTERN ANGELEGT. VON IHREN ABENTEUERN UND METHODEN, SIE ZU BESIEGEN, KANNST DU EINIGES LERNEN.

BEGINNEN WIR MIT DEM MINOTAURUS.

Der auf der Insel Kreta geborene Minotaurus war eine monströse, erbarmungslose Kreatur mit dem Körper eines Mannes und dem Kopf eines Stiers.

Da er so gefährlich war, beauftragte König Minos den Architekten Daedalus, ein Labyrinth zu bauen, um das Monster dort gefangen zu halten. So wurde zwar die Bedrohung eingedämmt, aber nicht beseitigt, bis schließlich Theseus nach Kreta kam und sich anbot, das Monster zu erlegen. Der Held konnte sich nicht nur auf seine Stärke verlassen, sondern auch auf die Hilfe von Ariadne, der Tochter des Königs, die sich in ihn verliebt hatte.

Ariadne schlug Theseus vor, ein Garnknäuel während seines Weges durch das Labyrinth abzurollen, um anhand des Fadens sicher wieder hinauszugelangen. Dank dieser List überraschte der junge Held das Monster und tötete es.

Was lernst du daraus? Manchmal ist das Gehirn nützlicher als bloße Muskelkraft!

DIE ALTEN ÄGYPTER

Ägypten ist wirklich ein faszinierendes Land und die dortigen Götter sind nicht weniger aufregend! Ihre Geschichten sind ebenso fesselnd und ungewöhnlich wie ihr Aussehen. Wundere dich also nicht, wenn du plötzlich einem Gott mit dem Kopf eines Schakals gegenüberstehst ...

Später werde ich dir mehr über diesen Gott erzählen. Zuvor müssen wir jedoch dem wichtigsten ägyptischen Gott unsere Ehrerbietung erweisen: Ra, dem Sonnengott. Danach machen wir Bekanntschaft mit zwei klugen und rachsüchtigen Brüdern: Osiris und Seth.

Anschließend erfahren wir einiges über mächtige und faszinierende Göttinnen wie Isis und Hathor, die Harmonie und Ordnung verkörpern.

Am Ende unserer Reise wartet eine Aufgabe auf dich. Es geht um etwas, das den Ägyptern sehr viel bedeutet. Danach wirst du verstehen, dass gruselige Dinge nicht unbedingt auch gefährlich sein müssen.

Aber ich möchte jetzt noch nicht zu viel verraten ... lass uns mit der Erkundung der Wüste und ihren Geheimnissen beginnen.

DIE GÖTTER

RA

Verbeuge dich vor Ra, dem wichtigsten aller ägyptischen Götter! Falls du das nicht angemessen tust, wird er es sofort erfahren, denn er hat Macht über das ganze Universum und damit über Erde, Himmel und Unterwelt. Man kann ihm nicht entkommen! Verbeuge dich vor Ra, dem Gott aller Götter!

EIGENSCHAFTEN

Du wirst Ra sofort erkennen, denn er hat den Kopf eines Falken. Auf dem Haupt trägt er eine von einer Kobra umrahmte Sonnenscheibe. Ein sehr spezielles Outfit, würde ich sagen.

BESONDERE MERKMALE

Er hat zwei Schiffe. Mit dem einen bewegt er sich tagsüber über den Himmel, mit dem anderen reist er in die Dunkelheit der Unterwelt.

ISIS

Diese Göttin wird vor allem wegen ihres mütterlichen Aussehens, ihrer Weisheit und ihres Wissens um die Magie verehrt. Man nennt sie auch „Große Magierin". Immer wieder bitten andere Götter in Schwierigkeiten sie um ihre Hilfe. Seit sich das Gerücht verbreitet hat, sie besäße besondere Heilkräfte und könne mit Zaubersprüchen Skorpionstiche heilen, kommt sie kaum noch zur Ruhe!

EIGENSCHAFTEN

In Hieroglyphen, der alten Schrift der Ägypter, wird ihr Name unter anderem durch das Bild eines Throns symbolisiert. Aus diesem Grund sehen wir sie auch oft sitzend mit ihrem Sohn Horus im Arm.

BESONDERE MERKMALE

Sie trägt eine Sonnenscheibe mit zwei Kuhhörnern auf ihrem Kopf. Die Kuh ist ihr heiliges Tier.

OSIRIS

Trotz seiner unbändigen Kraft hat dieser Gott wirklich kein leichtes Leben … sein Bruder Seth verschwört sich aus Eifersucht gegen Osiris und ermordet ihn. Dank der magischen Kräfte seiner Frau Isis jedoch kehrt er ins Leben zurück und wird schließlich zum Gott der Unterwelt.

EIGENSCHAFTEN

Osiris ähnelt einem Pharao und trägt wie der ägyptische Herrscher eine weiße Krone mit langen Straußenfedern auf dem Kopf. In seinen Händen hält er einen Krummstab und einen Dreschflegel. Aber die größte Aufmerksamkeit erregt wohl seine grüne Haut! Diese ungewöhnliche Farbe soll zeigen, dass Osiris der Totengott ist.

BESONDERE MERKMALE

Du hast bestimmt schon einmal etwas über ägyptische Mumien gehört: Darstellungen von Osiris erinnern oft an eine Mumie.

HORUS

Er ist der Sohn von Isis und Osiris und ein sehr bedeutender Gott. Horus kann das Chaos besiegen und die Ordnung wieder herstellen. Er ist der Himmelsgott, sein linkes Auge symbolisiert den Mond, sein rechtes die Sonne.

EIGENSCHAFTEN

In ganz Ägypten ist er sehr beliebt. Er wird auf mannigfache Weise dargestellt, am häufigsten aber als Falke.

BESONDERE MERKMALE

Erinnerst du dich an die Geschichte von Osiris, dem Vater von Horus? Der jugendliche Gott beschloss, Seths Mord an seinem Vater zu rächen und forderte seinen Onkel heraus. Bei dem Kampf verlor er ein Auge. Dieses „Horus-Auge" ist inzwischen ein beliebter Glücksbringer in Ägypten.

SETH

Gott des Chaos, des Verderbens, der Unwetter und der Wüste ... Seth wird mit vielen wenig erfreulichen Dingen in Verbindung gebracht ... um sich dafür zu entschuldigen, begleitet er Ra auf seinem Sonnenboot und hilft ihm, die Riesenschlange Apophis, die die Sonne verschlingen will, zu besiegen.

EIGENSCHAFTEN

Hier ist eine kleine Aufgabe für dich: Kannst du erraten, welchem Tier Seths Gesicht ähnelt? Schwierig? Niemand hat das bis jetzt herausgefunden! Schakal? Esel? Ziegenbock? Oder doch eher ein Wüstenfuchs? Egal, es wird gewöhnlich als „Seth-Tier" bezeichnet.

BESONDERE MERKMALE

Seine Haut ist rot wie der Wüstensand, dessen Herrscher er ist.

ANUBIS

Der Gott des Totenkultes und der Mumifizierung wird von den Ägyptern leidenschaftlich verehrt. Man sagt, der Leopard hätte ihm seine schwarzen Flecken zu verdanken. Das ist auch der Grund, warum seine Priester Leopardenfelle tragen.

EIGENSCHAFTEN

Er hat den Kopf eines Schakals – ein nachtaktives Tier, das trotz seiner unfreundlichen Erscheinung von den Ägyptern sehr verehrt wird. Jedes Land hat halt einen eigenen Geschmack!

BESONDERE MERKMALE

Anubis Kopf ist schwarz wie der fruchtbare Schlamm, den der Nil nach jeder Flut mit sich führt. Er steht für Wiedergeburt und neues Leben.

HATHOR

Sie ist eine der beliebtesten Göttinnen. Mit ihr verbinden die Ägypter Freude und unterhaltsame Ereignisse. Sie ist die Göttin der Liebe, Schönheit, Musik und des Tanzes und die Beschützerin des Nils.

EIGENSCHAFTEN

Sie wird als Kuh, ein Tier, das die Weiblichkeit symbolisiert, dargestellt. Kuhaugen gelten als besonders schön. Auf dem Kopf trägt sie eine Sonnenscheibe, die von zwei Hörnern oder gelegentlich zwei Federn getragen wird.

BESONDERE MERKMALE

Sie und Ra sind unzertrennlich. Er wird immer sehr traurig, wenn Hathor, die Göttin der Freude, nicht bei ihm ist.

NUT

Nut sieht schon eigenartig aus. Du wirst es vielleicht merkwürdig finden, aber diese Himmelsgöttin wird als riesige Frau, die das Himmelsgewölbe auf ihrem Rücken trägt, dargestellt. Sie ist die Gefährtin von Geb, dem Gott der Erde!

EIGENSCHAFTEN

Sie besitzt das Geschenk der Wiedergeburt und ist deshalb besonders beliebt. Wenn die Sonne abends untergeht, nimmt Nut sie mit sich und kehrt bei Sonnenaufgang mit ihr zurück.

BESONDERE MERKMALE

Ihr Haar besteht aus feinem Regen, der die Erde benetzt.

HEILIGE TIERE

SKARABÄUS

Der Skarabäus mag zwar aussehen wie ein normales Insekt, für die Ägypter aber bedeutet er Glück und symbolisiert die Sonne. Du findest das schon merkwürdig? Nun, der Grund, warum die Ägypter ihn verehren, ist noch viel merkwürdiger. Dieser Mistkäfer, formt aus Dung Bälle und rollt sie zwischen seinen Beinen fort, legt seine Eier darin ab und vergräbt sie. Die Ägypter vergleichen das mit der Bewegung der Sonne am Himmel.

WUSSTEST DU, DASS ...

... der Skarabäus die Wiedergeburt symbolisiert? Dieser Glaube hat den Ursprung in seinem Lebenszyklus. Er wird in seinem eigenen Dung geboren und die Ägypter sehen darin Ra, der jeden Tag erneut mit seiner Sonnenbarke über den Himmel zieht.

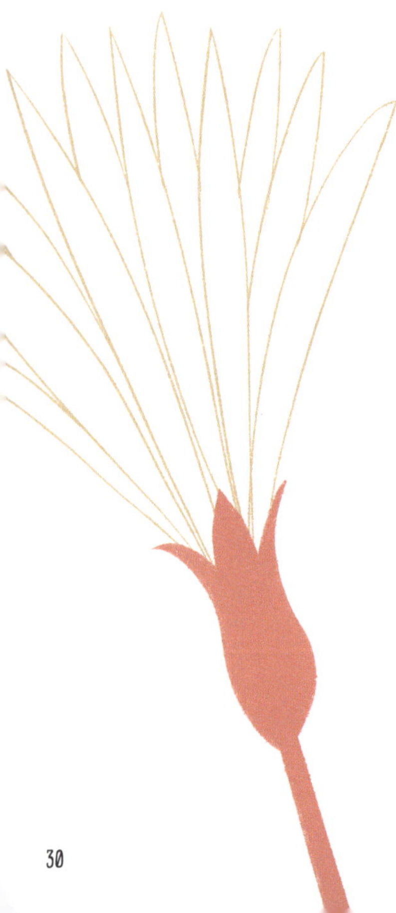

KATZE

Die Katze genießt ein so hohes Ansehen in Ägypten, dass sie wie eine Göttin verehrt wird. Das heilige Tier steht für Bastet, die Göttin mit dem Katzenkopf.

WUSSTEST DU, DASS ...

... viele ägyptische Frauen als Glücksbringer ein Amulett tragen, auf dem Bastet, umringt von ihren Katzen, abgebildet ist?

IBIS

Mit seinen dünnen Beinen und dem langen Schnabel ist der Ibis gut gerüstet, um an den Ufern des Nils zu leben. Die Ägypter halten ihn für ein sehr kluges Tier, denn sein langer und beweglicher Hals ermöglicht es ihm, in alle Richtungen zu blicken. Man kann sich ihm nicht unbemerkt nähern.

WUSSTEST DU, DASS …

… der Ibis dank dieser Eigenschaften zum Sinnbild für Intelligenz und Weisheit wurde und die Mathematik und Dichtkunst symbolisiert. Der Schutzpatron dieser Disziplinen, Gott Thot, wird mit dem Kopf eines Ibis dargestellt.

DIE WÄGUNG DES HERZENS

DIE UNTERWELT SPIELTE IM ALTEN ÄGYPTEN EINE GROSSE ROLLE UND DAS LEBEN NACH DEM TOD IN DER UNTERWELT GALT ALS VERLÄNGERUNG DES LEBENS AUF DER ERDE.

Man muss jedoch eine Prüfung bestehen, um Zugang zu dieser Welt zu bekommen: die Wägung des Herzens. Hier kommt Anubis, der Schakalgott, ins Spiel. Er begleitet die Verstorbenen in den Gerichtssaal von Osiris und legt ihr Herz auf eine Waage, um es gegen eine Straußenfeder, dem Symbol für Maat, die Göttin der Gerechtigkeit und Wahrheit, aufzuwiegen. Thot, der Gott der Schreiber, hält das Urteil fest. Nur wenn das Herz leicht wie eine Feder und deshalb aufrichtig und frei vom Gewicht böser Taten ist, gewährt Osiris dem Verstorbenen das ewige Leben!

DIE WIKINGER

Zieh dich warm an. Ein Abenteuer in einem sehr abgelegenen und eisigen Land erwartet uns! Wohin also werden wir aufbrechen?

Ich gebe dir einen Tipp: Die Sonne verhält sich in dieser Gegend sehr merkwürdig! Monatelang verschwindet sie und taucht alle und alles in tiefe Dunkelheit. Schließlich erscheint sie wieder und geht wochenlang nicht mehr unter. Ich denke, jetzt kannst du verstehen, dass die Länder, die wir nun erkunden werden, voller Magie und Legenden sind: Norwegen, Schweden, Finnland und Island sind von etlichen Sagengestalten, Fabeltieren, tapferen Kriegern und kühnen Amazonen bevölkert.
Ihre Schicksale werden von verschiedenen Göttern im Himmel bestimmt. Sie alle stammen vom mächtigen Odin, dem höchsten Anführer, ab und wohnen in Asgard, einer riesigen Burg mit großen goldenen Hallen. Die prunkvollste unter ihnen ist Walhalla, wo die Götter ihre in den Schlachten gefallenen Helden empfangen.
Dort treffen wir auf Thor mit seinem berühmten Hammer Mjölnir und auf Loki, dessen Worten du nicht trauen solltest, aber auch auf ein paar bildschöne Göttinnen wie Freya und Frigg. Du wirst feststellen, dass ein wilder Keiler mithilfe der Magie ebenso tapfer sein kann wie ein Pferd und dass die nordischen Völker gelernt haben, dem Meer zu misstrauen, denn hier verbergen sich gigantische und todbringende Ungeheuer.

Also, worauf warten wir noch? Lass uns aufbrechen!

GÖTTER

ODIN

Der Herrscher von Asgard ist Odin, Vater aller Götter und Göttinnen Nordeuropas. Es ist nicht immer leicht, ihn zu erkennen, denn er kann verschiedene Formen annehmen. Seinen Feinden zeigt er sich als Furcht einflößender und gnadenloser Krieger, er kann aber auch, in einen langen Mantel gehüllt, als rastloser Wanderer die Erde durchstreifen.

EIGENSCHAFTEN

Er ist bekannt für seine Weisheit, die er als ältester aller Götter und Schöpfer der Welt erlangt hat. Seine allumfassende Klugheit befähigt ihn, das Schicksal eines jeden Menschen zu kennen.

BESONDERE MERKMALE

Er trennt sich nie von seinem Speer Gungnir und dem treuen, achtbeinigen Pferd Sleipnir.

THOR

Ich möchte wetten, dass du schon von Thor, dem Gott des Donners, der Blitze und Stürme gehört hast. Er hat die Macht über den Regen. Im Gegensatz zu seinem Vater Odin, dem Anführer der Götter, ist Thor der Gott der Menschen und der Schutzherr der Menschlichkeit. Dabei steht ihm ein treuer Freund zur Seite: sein Hammer Mjölnir!

EIGENSCHAFTEN

Er ist unglaublich stark, trägt einen Bart, hat lange Haare und sein Herz ist aus Gold. Thor wird von den Menschen wirklich geliebt.

BESONDERE MERKMALE

Neben seinem Hammer trägt er immer zwei weitere Dinge mit sich: einen magischen Gürtel, der die Kräfte seines Trägers verdoppelt, und ein Paar eiserne Handschuhe.

HEIMDALL

Heimdall ist der Bruder von Sif. Da er nur wenige Minuten Schlaf benötigt, um seine Kräfte zu erneuern, wurde er zum Hüter eines ganz besonderen Ortes: der Brücke Bifröst, dem Regenbogen. Er verbindet die Erde mit Asgard, dem Sitz der Götter.

EIGENSCHAFTEN

Seine Sinne sind besonders scharf, er kann die leisesten Töne vernehmen. So hört er etwa das Gras wachsen und kann die Ereignisse hinter dem Horizont sehen. Heimdall trägt einen Helm mit Widderhörnern.

BESONDERE MERKMALE

Der Klang seines kräftigen Gjallarhorns ist überall auf der Welt zu vernehmen.

LOKI

In Gegenwart von Loki solltest du sehr vorsichtig sein! Er ist sehr clever und kann dir mühelos aus der Patsche helfen, aber er ist gleichzeitig auch als Gott der Täuschung bekannt. Er macht viel Ärger und liebt es, anderen Streiche zu spielen. Sei also auf der Hut!

EIGENSCHAFTEN

Loki hat dunkles Haar und trägt einen Bart, aber das sind nicht seine hervorstechendsten Merkmale. Er kleidet sich gelegentlich als Narr. Er ist halt ein Spaßvogel.

BESONDERE MERKMALE

Das Feuer ist eines seiner Symbole. Loki kann wie die Flammen sowohl wohltätig als auch zerstörerisch sein.

SIF

Diese wunderschöne Göttin ist die Frau von Thor und die Hüterin des Weizens, der Ernte und der Erde. Sie gehört zu den Walküren, ist äußerst wehrhaft und durchaus in der Lage, sich zu verteidigen, wenn ihr Ehemann gerade nicht in der Nähe ist ...

EIGENSCHAFTEN

Sie hält oft Weizenähren in der Hand. Die Menschen bitten sie darum, Thor dazu zu bewegen, Regen für ihre Felder zu spenden, damit die Ernte fruchtbar und reich ausfällt. Sie soll sich gelegentlich in einen Schwan, das Symbol der Walküren, verwandeln.

BESONDERE MERKMALE

Sie hat wundervolle, blonde Locken. Das ist Loki natürlich nicht entgangen und vor langer Zeit spielte er ihr einen Streich, indem er ihr die Locken abschnitt, während sie schlief. Thors Wut jedoch belehrte ihn schnell eines Besseren und er machte die Sache rückgängig!

FREYA

Sie ist die Göttin der Schönheit, des Goldes und der Liebe. Doch man kann nun wirklich nicht behaupten, dass sie selbst Glück in der Liebe hätte! Ihr Ehemann Odr verreist gerne und die arme Freya muss ihm ständig hinterherlaufen und dabei viele gruselige Abenteuer bestehen.

EIGENSCHAFTEN

Sie hat langes, goldenes Haar und trägt gern Blumenkleider. Trotz ihres romantischen Aussehens zeigt sie sich mutig und entschlossen. Sie gehört zu den Walküren, den kaum zu besiegenden weiblichen Kriegerinnen. Ich werde dir bald mehr von ihnen erzählen ...

BESONDERE MERKMALE

Du kannst Freya entdecken, wenn sie in einem von ihren Lieblingstieren, den Waldkatzen, gezogenen Wagen über den Himmel fährt.

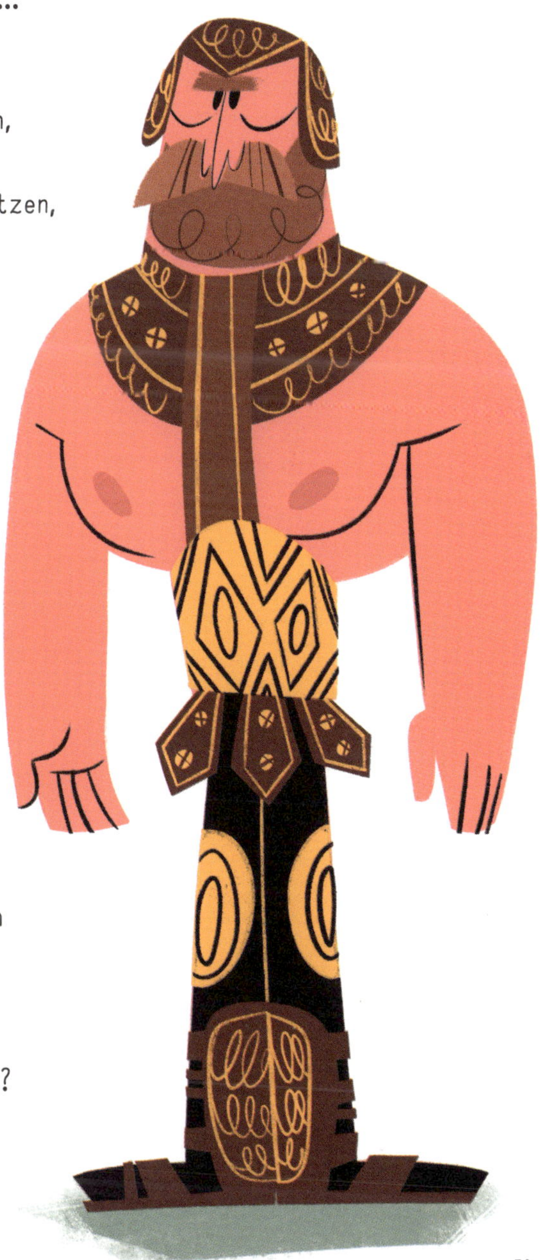

FREYR

Obwohl nicht gerade anmutig, gilt Freyr, ähnlich wie seine Zwillings-schwester Freya, als Gott der Liebe. Man kann ihn an seinen langen Haaren und dem struppigen Bart erkennen. Seine Kleidung hat bisweilen grüne Flecken, denn er wohnt im Wald und schläft im hohen Gras.

EIGENSCHAFTEN

Als Baby wurde er gemeinsam mit seiner Zwillingsschwester Odin anvertraut, der die beiden wie seine eigenen Kinder aufzog.

BESONDERE MERKMALE

Sein bester Freund ist Gullinborsti ... willst du wissen, wer das ist? Du wirst es auf den nächsten Seiten herausfinden.

DIE SAGE VON DAGR UND NÓTT

SOWEIT ICH WEISS, HABEN ALLE KULTUREN VERSUCHT, DAS GEHEIMNIS DES EWIGEN KREISLAUFS VON TAG UND NACHT ZU ERGRÜNDEN.

Für die Völker des Nordens hängen Tag und Nacht von dem Gott Dagr und seiner Mutter, der Göttin Nott, ab. Sie ist die Tochter eines Riesen und wie ihre gesamte Verwandtschaft rabenschwarz. Durch ihre Begegnung mit Dellingr, dem Gott der Dämmerung, kam ein wunderschönes Baby zur Welt: Dagr, was Tag bedeutet, war blond und eine strahlende Persönlichkeit wie sein Vater.
Dagr und Nott erhielten von Odin zwei Wagen und zwei Pferde als Geschenk. Die Pferde hießen „Leuchtende Mähne" und „Frostmähne".

Die beiden Zugtiere waren so schnell, dass sie in zwölf Stunden den ganzen Himmel durchqueren konnten.
Nott erscheint als Erste und bringt Dunkelheit, Kälte und den Morgentau. Dagr jagt ihr hinterher und die Mähne seines Pferdes leuchtet so hell, dass Erde und Luft in Licht getaucht werden.

DIE HELDEN

STARKAD

Dieser legendäre Held hatte wirklich eine turbulente Kindheit! Er wurde als Riese geboren und am Königshof aufgezogen. Dank seiner unbändigen Kraft, die er schon seit seiner Jugend besaß, wollte ihn kein Kriegsfürst zum Feind haben, sondern ihn lieber in seinen Streitkräften kämpfen sehen. Als Erwachsener genoss er den Schutz und die Gastfreundschaft mehrerer Königshäuser, aber gleichzeitig machte er sich auch viele Feinde. Deshalb entschloss er sich, an Bord eines Schiffes zu gehen und weit in die Nordsee hinaus zu segeln.

BESONDERE MERKMALE

Starkad sieht ziemlich absonderlich aus. Er kam mit acht Armen zur Welt. Aber Thor sorgte dafür, dass nur zwei davon sichtbar waren und er menschlicher aussah als sein Vater, der Riese.

SIGURD

Als entfernter Verwandter von Odin wurde Sigurd von dem Schmied Reginn großgezogen. Dieser drängte ihn, seinen Mut zu beweisen und den Drachen Fafnir herauszufordern. Glücklicherweise wurde Sigurd von Vögeln, deren Sprache er verstand, vor dem alten Reginn gewarnt, denn der Schmied hatte nur eines im Sinn: den Schatz des Drachens an sich zu reißen! Dennoch entschied sich unser Held für den Kampf gegen das furchterregende Ungeheuer und besiegte es nach einem blutigen Gemetzel.

BESONDERE MERKMALE

Als er Fafnir erschlagen hatte, eignete er sich dessen wertvollste Kraft an: die Unverwundbarkeit! Doch eine Stelle an seinem Körper blieb verwundbar: ein Blatt war auf seinem Nacken gelandet, wodurch sie nicht unverwundbar wurde.

SVIPDAGR

Dieser Held hatte die Aufgabe, ein weibliches Geschöpf, von dem er nur den Namen kannte, zu befreien: Menglöd. Für dieses schwierige Abenteuer bat er seine Mutter um Hilfe. Sie begleitete ihn also auf dieser gefährlichen Reise. Als sie die Burg Menglöds erreichten, wurde Svipdagr in einen Wettstreit verwickelt, der für ihn als Wikinger sehr unüblich war. Der Wächter der Burg stellte ihm 18 verschiedene Rätsel. Als er alle erfolgreich gelöst hatte, begegnete er Menglöd, die sich sofort in ihn verliebte.

BESONDERE MERKMALE

Als Menglöd beobachtete, wie sich Svipdagr der Burg näherte, begannen ihre Hunde mit dem Schwanz zu wedeln und sprangen freudig auf. Dies wertete Menglöd als das Zeichen, dass unser Held der Richtige für sie war!

FANTASTISCHE KREATUREN

RATATOSK

Ratatosk ist ein Eichhörnchen, das im Yggdrasil lebt, dem wichtigsten Baum im Königreich. Das Hörnchen hat die Aufgabe, Nachrichten zwischen der riesigen Schlange Nidhöggr, die am Fuße des Weltenbaums lebt, und und dem großen Adler in der Baumkrone zu übermitteln. Deshalb rennt es unentwegt den Baumstamm auf und ab!

WUSSTEST DU, DASS ...

... Ratatosk sich in Lichtgeschwindigkeit bewegt? Sein Name bedeutet „Nagezahn". Wirklich passend, findest du nicht?

NIDHÖGGR

Diese Schlange lebt am Fuße von Yggdrasil, dem Weltenbaum. Sie ist keine angenehme Zeitgenossin. Wenn sie nicht gerade durch Ratatosk schlechte Nachrichten an den Adler überbringen lässt, knabbert sie ungeduldig an den Wurzeln des Baums und schädigt ihn dabei. Daher kommt auch ihr Name „Bösartiger Nager".

WUSSTEST DU, DASS ...

... der als heilig geltende Weltenbaum Yggdrasil noch eine andere wichtige Rolle hat? Dem Glauben nach trägt er die ganze Welt, also auch Asgard, den Sitz der Götter, auf seinen Zweigen. Wenn Nidhöggr also seine Wurzeln zerstören würde, wäre der Weltuntergang nicht weit!

HAFGUFA

Die äußere Erscheinung dieses riesigen Meeresmonsters wird dich überraschen. Wenn es aus dem Meer auftaucht, sieht es aus wie eine Insel oder eine große Felsenansammlung. Die Menschen haben gelernt, das Monster tagsüber zu erkennen, denn Hagufa verschlingt nicht nur Wale, sondern auch ganze Schiffe mitsamt der Besatzung. Also halte dich lieber von ihm fern!

WUSSTEST DU, DASS ...

... der Name Hafgufa im alten Island „Meeresdampf" bedeutet? Wahrscheinlich geht das auf Geschichten von Fischern zurück, die das Monster aus dichtem Nebel auftauchen sahen.

GULLINBORSTI

Dieser magische Keiler ist der beste Freund von Freyr und zieht seinen Wagen. Es ist kaum zu glauben, aber er kann schneller laufen als ein Pferd, egal ob am Himmel oder auf dem Wasser, am Tag oder in der Nacht. Seine goldenen Borsten versprühen Funken und erleuchten selbst die Nacht.

WUSSTEST DU, DASS ...

... der Keiler eine Schöpfung von Zwergen, einem Volk mit unvorstellbarem magischen Wissen, ist? Sie sind in der Lage, fantastische Wesen zu erschaffen und unschlagbare Waffen herzustellen, darunter auch Thors Hammer.

DER RITT DER WALKÜREN

HÖRST DU DAS GERÄUSCH? WO MÖGEN WOHL ALL DIESE KRÄHEN HERKOMMEN? JETZT SEHE ICH SIE! DIE WALKÜREN SIND UNTERWEGS! IRGENDWO MUSS EIN KRIEG STATTFINDEN! WIE BITTE? DU KENNST DIE WALKÜREN NICHT? ICH MUSS DIR UNBEDINGT VON IHNEN ERZÄHLEN.

Walküren sind tapfere, schöne Frauen, die ihr Haar zu dicken Zöpfen flechten, Speere, Federhelme sowie Lederschilde tragen und auf Pferden reiten, von denen einige Flügel haben.
Odin hat ihnen einen Auftrag erteilt: Sie sollen auf die Schlachtfelder ziehen – von denen es in den nordischen Ländern reichlich gibt – und die tapfersten Krieger nach Walhalla, die große Halle in Odins Königreich Asgard, bringen.
Die auserwählten Kämpfer müssen sich einem harten Training unterwerfen, um sich auf die große Schlacht „Ragnarök" vorzubereiten. Sie wird beim Weltuntergang stattfinden und die Helden sollen an der Seite des Königs in den Kampf ziehen.

DIE INDER

Wir haben schon fast die Hälfte unserer Reise hinter uns gebracht, aber ich hab dir noch so viel zu erzählen!
Wir werden uns jetzt nach Südasien vorwagen, nach Indien und Tibet, dorthin, wo der Fluss Ganges sich seinen Weg bahnt. Hier, wo die höchsten Berge der Welt in den Himmel ragen, ist die Heimat vieler Gottheiten.
Die drei wichtigsten von ihnen sind so eng miteinander verflochten, dass keiner von ihnen ohne den anderen existieren kann.
Ich spreche hier von Brahma, dem Schöpfer des Universums, Shiva, dem Zerstörer, und Vishnu, dem Erhalter. An ihrer Seite finden wir einige wunderbare, weibliche Gottheiten wie die barmherzige Parvati, Shivas Gattin. Wir werden auf ein paar merkwürdig aussehende Sagengestalten wie die Nagas, halb Mensch und halb Schlange, oder auf Garuda, ein Reittier in Adlergestalt, treffen. Aber du brauchst keine Angst vor diesen riesigen und mächtigen Wesen zu haben, denn sie lieben die Menschen und wollen, dass sie glücklich sind.
Los, machen wir uns auf den Weg!

GÖTTER

BRAHMA

Er ist der Schöpfer der Welt und wird mit vier Gesichtern, von denen jedes in eine Himmelsrichtung blickt, dargestellt. So kann er das ganze Universum beobachten. Nichts entgeht seinen wachsamen Augen! Sein Symbol und Reittier ist Hamsa, eine kluge und mythische Wildgans, von der er sich niemals trennt.

EIGENSCHAFTEN

Brahma führt mehrere sehr symbolträchtige Dinge mit sich, unter anderem eine wie eine Sanduhr geformte Trommel, deren unablässiger Rhythmus die Vergänglichkeit der Zeit versinnbildlicht.

BESONDERE MERKMALE

Eine der vielen Legenden über Brahma besagt, dass er hundert Jahre in einem Ei geschlafen hat. Als die Schale in zwei Hälften zerbrach, entstand das Universum: Die obere Hälfte wurde zum Himmel, die untere zur Erde.

SHIVA

Die Geschichte dieses Gottes ist sehr vielschichtig. Ich werde versuchen, sie in wenigen Worten zusammenzufassen. Vor langer Zeit war dieser Gott als Rudra bekannt. Er hatte einen wirklich schlechten Charakter, war ziemlich unbeherrscht und hatte seinen Zorn nur selten unter Kontrolle. Nur in kurzen Perioden wurde er als Shiva verehrt. Glücklicherweise gewann diese gute Seite an ihm langsam die Oberhand und fortan wurde er nur noch Shiva genannt.

EIGENSCHAFTEN

Shiva hat mich schon immer verwirrt, denn er kann so viele Gestalten annehmen – er ist der König des Tanzes, ein grausamer Krieger, der mit Dämonen kämpft, oder ein in tiefer Meditation versunkener Gott im Schneidersitz.

BESONDERE MERKMALE

Seine Familie ist ebenso berühmt: Ich werde dir gleich seinen Sohn Ganesha und seine Frau Parvati vorstellen.

VISHNU

Es ist die Gottheit, die sich besonders um das Schicksal der Menschheit sorgt: Vishnu ist der Vermittler zwischen Göttern und Menschen. Er kümmert sich um das Gleichgewicht im Kosmos und ist der Garant dafür, dass das Gute stets über das Böse siegt.

EIGENSCHAFTEN

Vishnu hat vier Arme und in jeder Hand hält er ein besonderes Symbol: eine Wurfscheibe, Chakra, die an das kosmische Gleichgewicht erinnert, eine Keule, mit der er die bösen Dämonen besiegt, ein Schneckenhorn, mit dem er Feinde in die Flucht schlägt, und eine Lotusblüte, das Symbol für die Sonne.

BESONDERE MERKMALE

Er hat wohl mehr als tausend verschiedene Namen. Alle sind in einem Buch niedergeschrieben. Einer seiner Namen ist „Chakravurtin", was so viel wie „Herr der Welt" bedeutet.

PARVATI

Parvati hat eine sehr interessante Herkunft. Sie ist die Tochter des Gottes des Himalaya, dem höchsten Gebirge der Welt und dem Wohnsitz des Schnees. Und sie ist die Gattin Shivas, dessen Herz sie mithilfe des Liebegottes Kama gewonnen hat. Um Shivas Liebe zu entfachen, schoss Kama, ähnlich wie der griechische Liebesgott Eros es oft getan hat, einen Liebespfeil auf Shiva ab.

EIGENSCHAFTEN

Shiva und Parvati sind unzertrennlich. Nur Parvatis Güte und Herzlichkeit vermag den Charakter ihres Mannes zu besänftigen.

BESONDERE MERKMALE

Parvati ist so anmutig wie die Lotusblüte, die sie ständig in ihren Händen hält: Sie wird von allen Frauen, besonders aber von verheirateten Frauen verehrt. Sie erbitten von ihr, ihren Gatten zu beschützen.

FANTASTISCHE KREATUREN

MAKARA

Dieses Wasserwesen wird oft als Krokodil oder Elefant mit Fischkopf und einem von Schuppen bedeckten Körper beschrieben. Es sieht also ziemlich merkwürdig aus und ist das Reittier der hinduistischen Flussgötter Ganga und Varuna.

WUSSTEST DU, DASS ...

... man Makaras Bildnis oft an Haustüren oder an den Wänden indischer Tempel sieht? Makara soll den Menschen Freude und Glück bringen.

GARUDA

Garudas sind mythische Wesen mit Adlernase, Flügeln und einem menschlichen Körper. Ihre Hauptaufgabe ist die Bekämpfung der Nagas, der Schlangengötter, die gleichzeitig ihre Lieblingsspeise sind. Weil Garudas die magische Fähigkeit besitzen, Bisswunden der Nagas zu heilen, werden sie von den Menschen verehrt.

WUSSTEST DU, DASS ...

... diese Kreaturen nach Garuda, Vishnus bestem Freund und Reittier, benannt sind? Vishnu wird oft auf diesem mythischen Vogel reitend dargestellt.

NAGA

Diese Halbgottheiten sehen fast aus wie Schlangen. Sie leben auf dem Grund von Flüssen und Seen und bewachen dort Schätze, die im Wasser oder in der Erde verborgen sind. Sie gelten als Wächter von Türen und Schwellen.

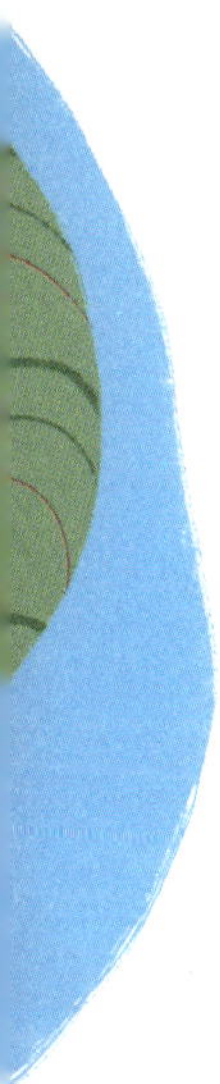

WUSSTEST DU, DASS …

… die Nagas menschliche Gestalt annehmen können? Doch an kleinen Merkmalen kann man sie leicht als Schlangenwesen entlarven.

GANESHA

Ganesha sieht wirklich einzigartig aus: Er hat den Körper eines Menschen und den Kopf eines Elefanten, bei dem ein Stoßzahn abgebrochen ist. Er ist ein sehr kluger und pfiffiger Gott und der Schutzpatron von Tänzern, Musikern, Dichtern und Schriftstellern.

WUSSTEST DU, DASS …

… Elefanten gar keine Angst vor Mäusen haben? Ganeshas bester Freund ist eine Ratte und sein Reittier. Manchmal hilft sie ihrem Herrn, Hindernisse aus dem Weg zu räumen.

DIE LEGENDE VON GARUDA, DER SCHILDKRÖTE UND DEM ELEFANTEN

DA IST NOCH ETWAS, WAS DU ÜBER GARUDA WISSEN SOLLTEST. EINER SEINER SPITZNAMEN IST „TRÄGER EINES GROSSEN GEWICHTES". WILLST DU WISSEN, WIE ES DAZU KAM?

Eines Tages überfiel Garuda der Heißhunger. Also erbeutete er eine riesige Schildkröte und einen sehr schweren Elefanten, um beide zu verspeisen. Aber diese Jagd war so kräftezehrend, dass er beschloss, erst einmal ein kleines Nickerchen auf einem Baum zu machen.
Zuerst bemerkte er nicht, dass viele winzige Wesen von dem Ast, auf dem er saß, herunterhingen. Es waren Brahmas Weisen. Nun aber brach der Ast ab und die Weisen drohten auf den Boden zu fallen. Um ein Unglück zu verhindern, fing Garuda in einer großen Kraftanstrengung den Ast mit Schildkröte, Elefant und den Weisen auf und trug sie fliegend auf den sicheren Boden.

DIE CHINESEN

Willkommen im Fernen Osten, genauer gesagt in China. Dieses Land ist die Heimat einiger unglaublich alter Gottheiten. Alle von ihnen haben eines gemein: Sie stammen von Pangu ab. Er erschuf den Wind mit seinem Atem, den Donner mit seiner Stimme, Sonne und Mond mit seinen Augen und die Berge mit seinem riesigen Körper.
Wir werden auch seinen fünf Schutztieren begegnen, unter ihnen der weiße Tiger und die schwarze Schildkröte. Beide unterstützten Pangu bei seinen heldenhaften Taten.

Doch zunächst einmal müssen wir die drei Erhabenen Fuxing, Luxing und Shouxing anrufen. Diese in China sehr beliebten Götter symbolisieren Erfolg, Wohlstand und ein langes Leben. Unter ihrem Schutz sind wir sicher und können unsere abenteuerliche Reise in die Welt der chinesischen Götterwelt beginnen.

GÖTTER

CHANG'E

Diese wunderbare Mondgöttin hat nun wirklich eine faszinierende Geschichte. Chang'e ist mit Houyi, dem besten Bogenschützen der Welt, verheiratet. Wegen dessen einzigartigen Fähigkeiten bat ihn der Kaiser von China, neun der zehn Sonnen, die die Erde umkreisen, abzuschießen. Denn sie verhinderten, dass die Nacht anbrechen kann. Zur Belohnung erhielt er den Zaubertrank der Unsterblichkeit. Der Duft des Elixiers verleitete Chang'e, ihn zu kosten. Daraufhin wurde ihr Körper so leicht, dass sie sich über die Erde erhob! Ihr Flug endete auf dem Mond, wo die Göttin bis heute lebt.

EIGENSCHAFTEN

Einmal im Monat bei Vollmond wartet Chang'e auf ihren Gatten, der sich auf der Sonne eingerichtet hat, um seiner Geliebten möglichst nah zu sein.

BESONDERE MERKMALE

Chang'e hat einen Gefährten auf dem Mond, das Mondkaninchen Yutu. Mit seinen magischen Kräften kann es Tränke der Unsterblichkeit herstellen.

FEI LIAN

Fei Lian ist der Gott des Windes und ein ziemlich unruhiger Geselle. Glücklicherweise aber gibt es ja noch Houyi, den Bogenschützen und Ehemann von Chang'e, die ihn beide im Zaum halten. Du ahnst sicher, welch ein Chaos ein Windgott ansonsten anrichten könnte?

EIGENSCHAFTEN

In Menschengestalt ist er ein alter, bärtiger Mann mit einem Fächer. Als Tier ist er ein geflügelter Drache mit Hirschkopf und Schlangenschwanz.

BESONDERE MERKMALE

Es gibt auch eine Windgöttin: Feng Popo, die auf dem Rücken eines Tigers durch die Wolken reitet. An Tagen, an denen nur eine kleine Brise weht, hat sie ihre Flügel über ihren Blasebalg gefaltet.

PANGU

Geschichten aus dem alten China erzählen, dass das ganze Universum in einem Weltei, in dem alle kosmischen Kräfte eingeschlossen waren, entstanden ist. Schließlich verließ Pangu als erstes Lebewesen und Schöpfer aller Dinge das Ei. Nachdem er sich befreit hatte, schwang er seine gigantische Axt und zerteilte das Ei in zwei Hälften. So schuf er Himmel und Erde. Allerdings schaffte er das nicht ganz allein; ein paar mythische Tiere halfen ihm dabei. Von ihnen werde ich auch noch berichten.

EIGENSCHAFTEN

Pangu sieht mit seinen riesigen Hörnern und dem Tierfell ziemlich primitiv aus.

BESONDERE MERKMALE

Nachdem er Erde und Himmel erschaffen hatte, stellte sich Pangu zwischen sie, um sie voneinander zu trennen. Himmel und Erde dehnten sich 18.000 Jahre nach oben und unten aus und in gleichem Maße wuchs auch Pangu. Jetzt war er ein Riese!

SANXING

Erinnerst du dich noch an den Beginn unserer Chinareise, als wir die drei Erhabenen um ihren Schutz gebeten haben? Jetzt wollen wir uns mit diesen Gottheiten beschäftigen! Fuxing , Luxing und Shouxing, auch als „Götter der Drei Sterne" bezeichnet, waren gerne zusammen unterwegs und brachten die großzügigen Gaben Glück, Wohlstand und langes Leben in die Welt. Aus diesem Grund werden sie sehr verehrt.

EIGENSCHAFTEN

Luxing wird von einem Hirschen, Fuxing von einem Boot und Shouxing von einem Kranich und einer Schildkröte begleitet.

BESONDERE MERKMALE

An seinem langen weißen Bart erkennst du, dass Shouxing der Älteste von den dreien ist. Er wird von den Menschen um ein langes Leben gebeten. In seinen Händen hält er eine sehr seltene Frucht: den goldenen Pfirsich der Unsterblichkeit, der 3000 Jahre zum Reifen benötigt.

FANTASTISCHE KREATUREN

Möchtest du die Wächtertiere kennenlernen? Jedes von ihnen verkörpert eine Jahreszeit und eine Himmelsrichtung ... aber warum sind es dann fünf? Das werde ich dir nun erklären.

SCHWARZE SCHILDKRÖTE

Sie ist die Behüterin des Winters und des Nordens. Sie steht für Weisheit und langes Leben. Aufgrund ihres Aussehens glaubt man, sie trage das Gewicht des Himmels auf ihrem Panzer.

ROTER VOGEL

Die Farbe dieses Tieres verrät dir schon das Element, für das es steht: das Feuer. Mit seinem leuchtenden, bunten Gefieder ist dieser Vogel das Symbol für den Sommer, den Süden, Reichtum und die Vielfalt der Natur.

WEISSER TIGER

Er ist der Wächter des Westens und des Herbstes. Sein Element ist das Metall. Der weiße Tiger verkörpert den Gott des Krieges, der der Armee des Herrschers in seinen Schlachten zur Seite steht.

BLAUER DRACHE

Dieser riesige Drache versinnbildlicht den Osten und den Frühling und wird mit zwei Farben in Verbindung gebracht: Blau und Grün. Sein Element ist das Holz. Der blaue Drache bewacht den Regen, die Flüsse und das Meer.

GELBER DRACHE

Das Geheimnis des fünften Tieres ist schnell erzählt. Er ist der Beschützer des Mittelpunkts der Erde und symbolisiert den ewigen Kreislauf der Jahreszeiten.

NÜWA, SCHÖPFERIN DER LEBEWESEN

WIE WIR SCHON ERWÄHNT HABEN, HAT PANGU DIE WELT UND DAS GANZE UNIVERSUM ERSCHAFFEN. DOCH ES WAR DIE GÖTTIN NÜWA, DIE DEN KREATUREN AUF DER ERDE LEBEN EINGEHAUCHT HAT. ICH WERDE DIR JETZT EINE SEHR, SEHR ALTE GESCHICHTE ERZÄHLEN.

Nachdem Pangu Gebirge, Flüsse und Pflanzen erschaffen hatte, fühlte sich Nüwa auf der Erde sehr einsam. Um ein wenig Gesellschaft zu haben, kam ihr die Idee, Tiere zu erschaffen. Also machte sie sich an die Arbeit. Am ersten Tag erschuf sie die Hühner, am zweiten die Hunde, am dritten die Schafe, am vierten die Schweine, am fünften die Kühe und am sechsten Tag die Pferde. Doch all diese Tiere machten sie nicht wirklich glücklich. Als sie am siebten Tag ihr Spiegelbild im Wasser des Gelben Flusses betrachtete, nahm sie ein wenig Lehm aus dem Wasser und formte daraus mit ihren Händen ein lebendiges Wesen, dass ihr allmählich immer ähnlicher wurde. Am Ende hatte sie einen Menschen erschaffen. Vor lauter Begeisterung über ihre Schöpfung formte sie immer mehr Frauen und Männer, die schließlich alle glücklich um sie herumtanzten.

MAYA UND AZTEKEN

Obwohl du am Horizont schon Steinpyramiden erkennen kannst, sind wir von Ägypten weit weg. Wir nähern uns nun Mittelamerika und beschäftigen uns mit den Legenden und Göttern zweier besonderer Völker, den Maya und Azteken.
Dank der Hilfe der Yum Kaax und der Chaac – alle vier Regengötter – und ihrer Froschfreunde war ihr Land reich an fruchtbaren

Maisfeldern. Mit ein wenig Glück werdenwir in den Wäldern dem farbenprächtigen Quetzal und den Brüllaffen, beide mit übernatürlichen Kräften ausgestattet, begegnen.
Und ich werde dir vom Geschenk der gefiederten Schlange Quetzalcoatl an die Menschen erzählen ...vielleicht bist du ja schon ein wenig neugierig geworden!

GÖTTER

CHAAC

Dass in diesem heißen und trockenen Klima die Regengötter besonders wichtig sind, kannst du dir sicher denken. Bei den Maya heißen sie Chaac, bei den Azteken Tlaloc. Es sind immer vier Götter entsprechend der vier Himmelrichtungen. Sie tragen eine Kürbisschale mit Wasser, das sie bei Trockenheit auf die Menschen herabrieseln lassen. Sie kippen das Wasser nicht auf einmal aus, um Überschwemmungen zu vermeiden.

EIGENSCHAFTEN

Sie sind sehr groß und ihr Aussehen ist wirklich speziell. Sie alle haben eine so lange Nase, dass sie fast wie der Rüssel eines Elefanten wirkt.

BESONDERE MERKMALE

Die Chaac sind eng mit Fröschen befreundet. Hab Geduld, und ich werde dir erzählen, warum das so ist.

YUM KAAX

Mais ist das Grundnahrungsmittel der Maya und daher gibt es auch einen besonderen Maisgott. Yum Kaax sollte dafür sorgen, dass die Maispflanzen gesund und stark aufwachsen und die Ernte das ganze Jahr über gesichert ist. Merk dir seinen Namen. Ich werde dir später noch mehr über ihn erzählen.

EIGENSCHAFTEN

Yum Kaax wird immer mit Maiskolben im Haa dargestellt. Es sieht so aus, als wüchsen sie aus seinem Kopf heraus.

BESONDERE MERKMALE

Yum Kaax beschützt vor allem die Bauern, die ihn während der Saat und der Ernte singend um Unterstützung anrufen.

TOCI UND IXCHEL

Bei den Azteken heißt diese Göttin Toci, bei den Maya Ixchel. Sie symbolisiert die schöpferische Kraft der Natur und gilt als Mutter aller Gottheiten. Sie ist sowohl Kriegerin als auch Heilerin und immer zur Stelle, wenn ein Baby geboren wird. Ihre Aufgabe ist es, Mutter umd Kind zu beschützen.

EIGENSCHAFTEN

Wusstest du, dass Schlangen ihr Opfer am Stück verschlingen? Aus diesem Grund glauben die Maya, dass sie magische Kräfte besitzen, und verehren diese Reptilien. Schlangen an seiner Seite zu haben, bedeutet Kraft und Tugend. Ixchel zum Beispiel trägt eine Schlange auf dem Kopf.

BESONDERE MERKMALE

Ihre Ohren sind das Auffallendste an ihr. Sie gleichen denen eines Jaguars.

CHALCHIUHTLICUE

Sie ist die Göttin der Flüsse, Seen und Ozeane. Ihr Name ist wirklich bemerkenswert – und sehr schwer auszusprechen – er bedeutet „die mit dem Rock aus Jade". Sie sitzt immer in grünblauem Wasser, das sie wie ein Rock umspült.

EIGENSCHAFTEN

Sie trägt oft hübsche farbige Bänder im Haar, die einen außergewöhnlichen Kopfschmuck bilden.

BESONDERE MERKMALE

Sie ist die Göttin des Wassers und verantwortlich für die Sintflut, die die ganze Erde überflutet und alle Lebewesen in Fische verwandelt. Was für eine außergewöhnliche Göttin, oder?

FANTASTISCHE KREATUREN

BRÜLL-AFFE

Wundere dich nicht, wenn du ein Tintenfass in den Klauen dieses Affen entdeckst. Der Brüllaffe beschützt alle Arten von Kunst: das Schreiben, die Bildhauerei und nicht zuletzt die Musik.

WUSSTEST DU, DASS …

… die Brüllaffen mit gemalten Bildern Nachrichten zwischen Menschen und Göttern übermitteln? Obwohl sie als lustig und ein wenig frech gelten, sollen sie sehr klug sein.

QUETZAL

Dieser Vogel gilt bei den Maya und Azteken als heilig. Seine einzigartigen Farben, die von Hellgrün auf dem Kopf bis leuchtend Rot auf seiner Brust reichen, machen ihn so auffällig. Das Männchen ist an seinen Kopffedern, die an die Frisur eines Mohikaners erinnern, leicht zu erkennen.

WUSSTEST DU, DASS …

… bei den Maya nur bedeutende Persönlichkeiten das Privileg hatten, die Federn eines Quetzal als Kopfschmuck zu tragen? Diese wertvolle Kopfbedeckung war das Symbol für gesellschaftliche Stellung und Freiheit.

FRÖSCHE

Frösche galten bei Maya und Azteken als Boten der Chaac, der Regengötter. Ihr Quaken galt als gutes Omen für bevorstehenden Regen. Einmal habe ich Kinder beobachtet, die in die Hocke gingen und wie Frösche quakten, um die Götter um Regen zu bitten.

WUSSTEST DU, DASS …

… eine Legende davon erzählt, dass Quetzalcoatl, halb Schlange, halb Vogel, und Tezcatlipoca, halb Magier, halb Jaguar, einen Frosch im Urmeer fanden und mit seiner Hilfe Himmel und Erde schufen?

QUETZALCOATL

Der Name dieses Aztekengottes, der als Himmelsgott verehrt wurde, ist wirklich ein Zungenbrecher! Er bedeutet so viel wie „Schlange mit Quetzalfedern". Manchmal jedoch nimmt Quetzalcoatl auch die Gestalt des „Windgeistes" an: ein schwarz gekleideter Mann mit einer schwarzroten Maske, die wie ein Vogelschnabel aussieht.

WUSSTEST DU, DASS …

… man ihn für den Erfinder der Bücher und des Kalenders hält? Außerdem gab er den Menschen noch ein weiteres wertvolles Geschenk, dass du bestimmt besonders schätzt: die Kakaopflanze.

DIE GESCHICHTE VOM MAIS

BESTIMMT LIEBST AUCH DU POPCORN UND DESHALB WIRD ES DICH SICHER INTERESSIEREN, WIE ES ERFUNDEN WURDE. ICH HABE JA SCHON ERWÄHNT, DASS MAIS FÜR MAYA UND AZTEKEN EINE ÄUSSERST WICHTIGE PFLANZE WAR. SIE GLAUBTEN, SIE STÜNDE UNTER DEM BESONDEREN SCHUTZ DES GOTTES YUM KAAX, EINER JUNGEN GOTTHEIT MIT GROSSEN AUGEN UND OHREN. DIE MENSCHEN BETETEN IHN UM EINE REICHE UND LANGE ERNTE AN. ABER SIE WAREN NICHT DIE ERSTEN, DIE DEN MAIS ENTDECKTEN.

Der Legende nach wuchsen versteckt unter einem Berg Hunderte Maispflanzen. Ameisen entdeckten sie, gruben einen Tunnel unter dem Berg hindurch und transportierten den Mais Korn für Korn fort. Als die Menschen begriffen, wie kostbar der Mais war, baten sie die Götter um Hilfe, um den gesamten Mais von dort wegzuholen und für alle zugänglich zu machen. Die Götter lösten das Problem, indem sie einen Blitz auf den Berg schleuderten. Dabei ist nicht nur der Berg verbrannt, sondern auch ein Teil der Maiskörner angebrannt. Ob das Popcorn so entstanden ist?

DIE UREINWOHNER NORDAMERIKAS

Mein lieber Freund und Begleiter, wir begeben uns jetzt auf den letzten Abschnitt unserer Reise. Diesmal werde ich dich zu den weiten Wiesen Nordamerikas mitnehmen und wir besuchen die Ureinwohner, die dort schon sehr lange ihre Heimat haben, die Indianer. Wir werden ihren Geschichten, die sie sich abends am Lagerfeuer erzählen, lauschen. Viele von ihnen handeln von der Natur und den Tieren, denen die Menschen mit großem Respekt begegnen. Ich werde dir keine Vielzahl von Göttern vorstellen können,

denn sie glauben an einen einzigen Großen Geist, den Schöpfer des ganzen Universums. Dieser Gott wird mit mehreren Symbolen und heiligen Gegenständen wie dem Traumfänger, von dem ich dir noch erzählen werde, in Verbindung gebracht. Ich hoffe du fürchtest dich nicht vor Wölfen und Kojoten, denn wir werden vielen von ihnen auf unserer Reise begegnen! Natürlich sind nicht alle Wölfe und Kojoten böse. Wusstest du eigentlich, dass der Kojote den Menschen das Feuer gebracht hat und dass wir es dem Wolf zu verdanken haben, wenn wir einmal im Monat den hell leuchtenden Vollmond bewundern dürfen? Da wir gerade über Licht sprechen, möchte ich dir noch eine Geschichte über einen tapferen Vogel, den Blauhäher, erzählen. Er hat den Menschen die Morgendämmerung geschenkt. Nun geht's aber los!

HEILIGE WESEN

DER GROSSE GEIST

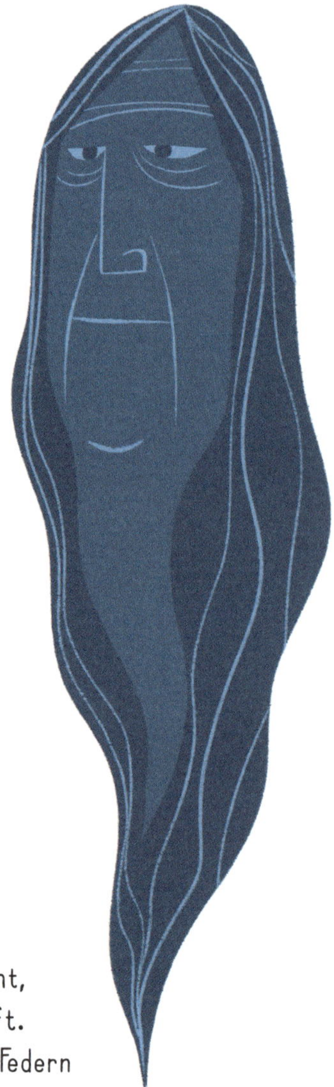

Es gibt kein größeres und mächtigeres Himmelswesen als den Großen Geist. Jeder Stamm nennt ihn anders, Wakan Tanka zum Beispiel oder Manitu. Aber man kann ihn weder sehen noch berühren. Seine Existenz wird in den Lebewesen des Universums, den Jahreszeiten, dem Zyklus von Tag und Nacht und der Bewegung der Himmelskörper wie Mond und Sterne sichtbar.

EIGENSCHAFTEN

Wenn die Ureinwohner Amerikas den Großen Geist anrufen, rauchen sie die heilige Calumet, die Friedenspfeife, das Symbol für das Gleichgewicht von Himmel (zu ihm steigt der Rauch empor) und Erde (hier wird die Pfeife gemacht).

BESONDERE MERKMALE

Die ältesten Stammesmitglieder sitzen im Kreis um ein Feuer, während sie den Großen Geist anrufen. Später wirst du noch lernen, dass der Kreis in dieser Gegend eine heilige und magisches Figur ist.

TRAUMFÄNGER

Dieses Kultobjekt, das aus einem Weidenholzring besteht, verkörpert für die Indianer eine große magische Kraft. Innerhalb des Rings wird ein Geflecht aus Tierhaut, Federn und Leder oder Perlenschnüren gespannt. Eine Legende des Stammes der Cheyenne besagt, dass dieser Gegenstand Albträume einfängt und festhält, bis sie sich in den ersten Sonnenstrahlen auflösen und vergehen.

EIGENSCHAFTEN

Die biegsamen Weidenstöcke, die den Ring bilden, symbolisieren das Leben, während das Geflecht für das Universum steht.

WUSSTEST DU, DASS ...

... Farben und Anordnung der Verzierungen im Geflecht sehr unterschiedlich sind, aber nicht zufällig gewählt werden? Für einige Stämme haben sie besondere Bedeutungen, die jedoch nichts mit bösen Träumen zu tun haben. Traumfänger werden oft außen an die Tipis – die berühmten, kegelförmigen Zelte – gehängt, um die Stellung oder den Beruf ihrer Bewohner anzuzeigen.

KOJOTE

Der Kojote genießt hohes Ansehen bei den Ureinwohnern Nordamerikas und wird wegen seiner Kraft und Stärke verehrt. Bevor ein Krieger in eine Schlacht zieht, kleidet er sich in das Fell eines Kojoten, um sich dadurch dessen Energie, Geschicklichkeit und List anzueignen, denn dem Steppenwolf wird nachgesagt, er fände auch in hoffnungslosen Situationen immer einen Ausweg.

EIGENSCHAFTEN

Dieses schlaue Tier steht im Mittelpunkt vieler Geschichten und Legenden. Die berühmteste erzählt vom Raub des Feuers. Als es einem Kojoten gelungen war, den sehr entlegenen Stamm, der das Feuer entdeckt hatte, ausfindig zu machen, stahl er einen Funken von ihrem Feuer, organisierte einen Staffellauf, an dem andere Tiere wie zum Beispiel Adler und Kolibri teilnahmen, und brachte das Feuer so zu allen Stämmen.

BESONDERE MERKMALE

Nicht alle Verhaltensweisen eines Kojoten werden von den Menschen geschätzt. Manchmal wird er sogar für einen Schwindler, Feigling oder Unruhestifter gehalten!

TOTEMPFAHL

Hast du schon einmal einen dieser hölzernen und sehr hohen Pfähle aus der Nähe gesehen? Sie werden auch „sprechende Bäume" genannt und du wirst gleich verstehen, warum. Diese massigen Stämme bestehen oft aus dem Holz des Zedernbaums. In den Pfahl werden symbolische Szenen der wichtigsten überlieferten Stammeslegenden geschnitzt, dabei können es Geschichten über den gesamten Stamm oder einzelne Personen sein.

EIGENSCHAFTEN

Jedes auf einem Totem abgebildete Tier hat eine spezielle Bedeutung: Ein Bison zum Beispiel steht für Unabhängigkeit, ein Wolf für Aufrichtigkeit und ein Adler für geistige Stärke.

BESONDERE MERKMALE

Die Indianer glauben, dass jede Person eine besondere Beziehung zu einem von neun verschiedenen Tieren hat: Welches Tier könnte dir entsprechen? Was glaubst du?

WIE DER VOLLMOND ENTSTAND

MOND, SONNE UND DIE ANDEREN GESTIRNE HABEN SCHON IMMER DIE NEUGIER DER MENSCHEN GEWECKT. SIE SUCHTEN NACH EINER ERKLÄRUNG FÜR DEREN EXISTENZ. DIE GESCHICHTE, DIE ICH DIR JETZT ERZÄHLEN WERDE, HANDELT VON DER ENTSTEHUNG DES VOLLMONDS.

Vor sehr langer Zeit leuchtete immer nur eine kleine Mondsichel am Himmel. Es war eine sehr ruhige und heiße Sommernacht, aber plötzlich erfüllte das verzweifelte Heulen eines Wolfes die Stille. Der Mond fühlte sich ein wenig gestört und fragte den Wolf nach dem Grund seines Klagens. Das Tier antwortete, es habe sein Junges verloren. Die einzige Möglichkeit, es in der Dunkelheit zu finden, sei sein Heulen.
Der Mond dachte einen kurzen Augenblick nach und hatte eine Idee: Er plusterte sich so sehr auf, dass er zu einer großen Scheibe anschwoll und die Nacht beinah zum Tag machte. Kurz darauf fand der Wolf sein Junges unversehrt unter einem Busch. Das Tier bedankte sich beim Mond mit einem letzten sanften Geheul.
Seitdem erscheint der Mond einmal im Monat als hell scheinende große Kugel am Himmel und alle Wölfe bedanken sich an diesem Tag mit langem, durchdringendem Geheul.

DER BLAUHÄHER UND DIE MORGENDÄMMERUNG

WIE ICH SCHON ERWÄHNT HABE, PFLEGEN DIE INDIANISCHEN STÄMME ENGE BEZIEHUNGEN ZU DEN TIEREN UND KENNEN SIE GENAU. IM MITTELPUNKT DER GESCHICHTE, DIE ICH DIR JETZT ERZÄHLEN MÖCHTE, STEHT EIN KLEINER, ABER SEHR ENTSCHLOSSENER VOGEL.

Vor sehr langer Zeit war die Erde in totale Finsternis versunken. Die Menschen aber waren die ständige Dunkelheit leid. Also schickten die großen, weisen Männer jemanden auf die Suche nach dem Licht. Alle waren sich einig, dass nur der Blauhäher mit seiner Schnelligkeit und Neugier dieser schwierigen Aufgabe gewachsen war. Der Vogel stimmte dem Vorhaben begeistert zu und machte sich zu diesem Zweck auf den Weg Richtung Osten. Er flog zu einem Dorf, in dem alle Zelte verlassen waren. Nur in einem entdeckte er ein kleines Kind. „Hör mal, Kleiner, kannst du mir verraten, wo die ganzen Leute sind?", fragte er den Jungen. „Sie sind alle auf dem Fest", erwiderte dieser. Dem Häher fiel auf, dass neben dem Kind mehrere große Körbe standen. Der neugierige Vogel wollte wissen, was in den Körben steckte. „Dieser hier enthält die erste Nacht", antwortete der Junge, „und dieser hier die Dunkelheit." – „Und was ist in dem dritten?", hakte der Häher nach. „Er enthält die Dämmerung." Aufgeregt schnappte sich der Häher den Korb, hob sich damit unter größter Anstrengung in die Lüfte und flog, so schnell er nur konnte, nach Westen. Der Junge versuchte, seine Stammesmitglieder zu alarmieren, aber die Feiernden waren so laut, dass sie ihn nicht hörten. Als sie bemerkten, was geschehen war, suchten sie nach dem Vogel. Kurz bevor sie ihn ergreifen konnten, ließ der erschöpfte Häher den Korb auf die Erde fallen, und die Dämmerung plumpste heraus.

So brachte der Blauhäher das Licht zurück in die Welt.

MARZIA ACCATINO

1982 in Valenza (Italien) geboren, erwarb sie einen Abschluss in Kommunikationswissenschaften und einen Master in Multimedia-Kommunikation. Nach einigen Jahren der Zusammenarbeit mit italienischen Verlagen widmete sie sich der Ausbildung zur Erzieherin und dem Studium der Kindheitsforschung. Dank der Zusammenarbeit mit White Star Kids hat sie das Verlagswesen wiederentdeckt und ihre beiden größten Leidenschaften erfolgreich miteinander verbunden: Kindererziehung und Bücher.

LAURA BRENLLA

Laura hat zwar erst im Alter von 16 Jahren offiziell mit dem Zeichnen begonnen, aber sie wuchs mit einem Bleistift in der Hand auf.
Sie gewann ein Stipendium für ein Kunststudium an der Universidad Europea in Madrid und spezialisierte sich nach ihrem Abschluss zwei Jahre lang auf Cartoons.
Später wurde sie für ein digitales Clean-up-Training im renommierten Animationsstudio SPA unter der Leitung von Fernando Moro ausgewählt. Während dieser Zeit entwickelte sie starke zeichnerische Fähigkeiten. In den letzten Jahren hat sie mehrere Bücher für White Star Kids illustriert.

Layout
VALENTINA FIGUS

WS Kids
WHITE STAR KIDS

Piazzale Luigi Cadorna, 6
20123 Mailand, Italien
www.whitestar.it

Übersetzung: Annette Ostlaender
Lektorat: Beate Bücheleres-Rieppel

ISBN 978-88-6312-471-2
1 2 3 4 5 6 25 24 23 22 21

Gedruckt in Polen